Una semana con los pueblos antiguos

Me llamo Hugo, tengo siete años y, además de ser un fanático del fútbol y de la pizza, soy inventor.

Siempre quise una máquina del tiempo. Supongo que todos los niños quieren lo mismo, sobre todo cuando se olvidan de hacer la tarea. Pero, a diferencia de ellos, yo he construido una.

Para probarla, me dispongo a empezar las vacaciones más extrañas de mi vida. Pasaré una semana entera en el pasado. Por eso escribo este diario, para llevar un registro de mi aventura. Lo tengo todo planificado: comenzaré por viajar 40.000 años hacia atrás para conocer cómo vivían en la prehistoria. Luego iré al antiguo Egipto, pasaré después por el gran Imperio romano, visitaré a los vikingos, daré una vuelta por China, conoceré la civilización maya y terminaré mi viaje explorando un castillo medieval. Me quedaré un día en cada destino.

Ya está todo listo para salir: he metido en la maleta el ordenador, la brújula, los prismáticos y la cámara de fotos. Y también he fabricado un aparato traductor para poder comunicarme con la gente sin problemas.

¡La cuenta atrás está a punto de empezar!

Próximo destino: LA PREHISTORIA

Lunes: La prehistoria

La máquina ha funcionado a la perfección. He retrocedido miles y miles de años y he llegado al Paleolítico. Me encuentro en un terreno con varios arbustos aislados. A lo lejos veo unos animales que no conozco. Está amaneciendo y hay grupos de hombres y mujeres vestidos con pieles que salen de unas precarias chozas y de cuevas. Un hombre y una mujer llegan cargando un animal que parece que acaban de cazar. Se está acercando una niña que debe de tener mi edad. Abandono mi diario de viaje por un instante para conversar con ella. La niña tiene un nombre impronunciable. Es una *Homo sapiens*, aunque ella no tiene idea de cómo la denominarán los historiadores en el futuro. Tengo los nervios de punta y estoy muy ansioso... no sé si por estar en la prehistoria o porque hablar con chicas no es mi fuerte. Transcribo nuestra primera conversación, aunque quizás sea mejor olvidarla:

Viaje por la historia de las CIVILIZACIONES

con actividades y pegatinas

LA PREHISTORIA · EL ANTIGUO EGIPTO ·
EL IMPERIO ROMANO · LOS VIKINGOS ·
LA ANTIGUA CHINA · LOS MAYAS · LA EDAD MEDIA

Círculo de Lectores, S.A.U.
Av. Diagonal, 662-664 – 08034 Barcelona
www.circulo.es
5112987654321

Imaginarium
PLA-ZA – Calle Osca, 4 – 50197 Zaragoza
www.imaginarium.es

© 2015, Círculo de Lectores, S.A.U.

Realización: MSA agencia editorial
Textos: Andrea Augurio
Ilustración: Mari Curros
Diseño: Celeste Maratea
Edición y corrección: María Marta Rodríguez Denis,
                           Enric Fontvila Batalla
Coordinación editorial: Verónica Chamorro

ISBN: 978-84-15807-67-4
Impresión: Talleres Gráficos Soler, S.A.
Enric Morera, 15 – 08905 Esplugues de Llobregat (Barcelona)
Depósito legal: B.27581-2015
N.º 20458

Amanecer: Llegada a destino

—¡Hola!

—Hola... ¿qué animal eres? Te pareces a nosotros, pero no eres de los nuestros.

—Vengo desde el futuro. ¡Realmente estoy en la prehistoria! ¿Eso es un mamut? ¡Solo los había visto en las películas!

—¿Películas? ¿Y qué es eso? No he visto ninguna por aquí. ¿Es un tipo de planta?

—No. Y no creo que haya ninguna película hasta dentro de millones y millones de años.

—¿Y qué es este collar que llevas aquí colgado? ¿Con los dientes de qué animal lo has fabricado?

—¿Mi traductor? No son dientes de animales. Está hecho con metales.

—¿Metales? ¿Qué es eso? Mi collar es de dientes de entelodonte. Te lo regalo.

—Gracias. Estamos en la Edad de Piedra, ¿verdad? ¡Qué hambre tengo!

—¿Edad de Piedra? ¿Qué es eso? Hablas muy raro... Mejor acompáñame al campamento. Ya están encendiendo el fuego, así que pronto comeremos.

—¡Conocéis el fuego!

—Claro.

—¿Y la pizza?

—No. Pero espero que te guste el bisonte. Está recién cazado. Vayamos a recolectar algunas raíces.

—Mmmm... Espero que haya raíces con sabor a pizza...

Lunes: La prehistoria

Busca entre las pegatinas la respuesta a estos acertijos y utiliza las restantes para completar la escena como más te guste.

1. No es un elefante, pero es igual de gigante.

2. Lanza en alto, cabello al viento, corre buscando alimento.

5. Son tres y son gigantes; servirían para hacer una tortilla crocante.

Así se ve desde la nave

4. Muy cerca del río suele nadar el tatarabuelo de los cocodrilos.

3. Rama, hilo y anzuelo de hueso en sus manos para conseguir el almuerzo.

6. Se parece a un avestruz, ¡pero es mucho más feroz!

7. Hechas con huesos o piedras, sirven para cazar a las fieras.

8. A falta de cerillas, paciencia: choca las piedras y las chispas llegan.

Lunes: La prehistoria

Para cazar y preparar la comida utilizan herramientas de hueso y de piedra, porque todavía no conocen los metales. Se alimentan de animales –que comen crudos o que cocinan al fuego–, raíces y frutos que recolectan.

Descubre y rodea las herramientas que Hugo ha encontrado en el campamento.

Mediodía: La comida

Encuentra en la sopa de letras los nombres de cinco herramientas que utilizaban en la prehistoria:
BOLEADORA – HACHAS – LANZA – ARCO – FLECHA

A	E	F	G	N	N	U	C	R	L
B	O	L	E	A	D	O	R	A	A
Ñ	M	E	J	E	E	Q	Z	H	N
P	R	C	I	I	L	F	X	V	Z
D	E	H	A	C	H	A	S	Z	A
D	Q	A	R	C	O	H	K	L	O

¿SABÍAS QUE...

para hacer sus herramientas los hombres usan la técnica de la percusión? Consiste en darle forma a la piedra o al hueso golpéandolos con otras piedras o huesos más duros. Así obtienen filos cortantes.

Lunes: La prehistoria

Después de la comida, mi amiga me ha mostrado distintos animales que yo jamás había visto. Hemos pasado gran parte de la tarde observándolos. ¡Desde lejos, por supuesto! He aprovechado para sacarles fotos.

Pega la pegatina correspondiente a cada animal.

Tigre de dientes de sable o *Smilodon*: Es un felino muy similar a los tigres que ya conozco, pero tiene unos colmillos de aproximadamente 17 cm.

Oso perro o *Amphicyon*: Su cabeza es similar a la de un perro, sus dientes son parecidos a los de un lobo y tiene el tamaño de un oso.

Entelodonte: Parece un tatarabuelo del jabalí. Tiene un hocico alargado y dientes enormes.

Tarde: Espiamos a los animales

A pesar de tener arcos, flechas y lanzas, cuando se acercan animales peligrosos todos prefieren esconderse en alguna de las cuevas. Mi amiga me ha enseñado a descubrir qué animal se aproxima mirando las sombras que proyectan.

Observa con atención y descubre cuál es la sombra que corresponde a cada uno.

¿SABÍAS QUE...

además de utilizar la carne de los animales que cazaban para alimentarse, usaban la piel para hacer vestimentas, abrigos y mantas, y los huesos para fabricar sus herramientas? No solo eso: con dientes de animales, piedras de colores, conchas o perlas de marfil hacían collares. ¡Qué coquetos!, ¿no?

Lunes: La prehistoria

Mi nueva amiga es toda una artista. Al caer la tarde me ha llevado a una cueva y me ha enseñado sus pinturas. Y yo también me he animado a dejar mi huella.

En esta pared hay una pareja de cada pintura. Márcalas y descubre el único dibujo que no tiene par.

¿SABÍAS QUE...

las pinturas las obtenían machacando minerales y mezclando eso con grasa animal? No suena tan sencillo como comprar un bote de pintura, ¿verdad?

Atardecer: Tiempo libre

Lunes: La prehistoria

Al llegar la noche, nos hemos sentado alrededor del fuego junto a otros hombres y mujeres. Después de cenar, los mayores cuentan historias que los pequeños escuchan con toda atención. Eso les permite ahuyentar el miedo a la oscuridad y, al mismo tiempo, transmitir lo que saben. Gracias a mi traductor he podido oír y entender una apasionante historia que ha relatado la madre de mi amiga.

¿Cómo habrá sido la historia que ha escuchado Hugo? Imagínala y escríbela aquí:

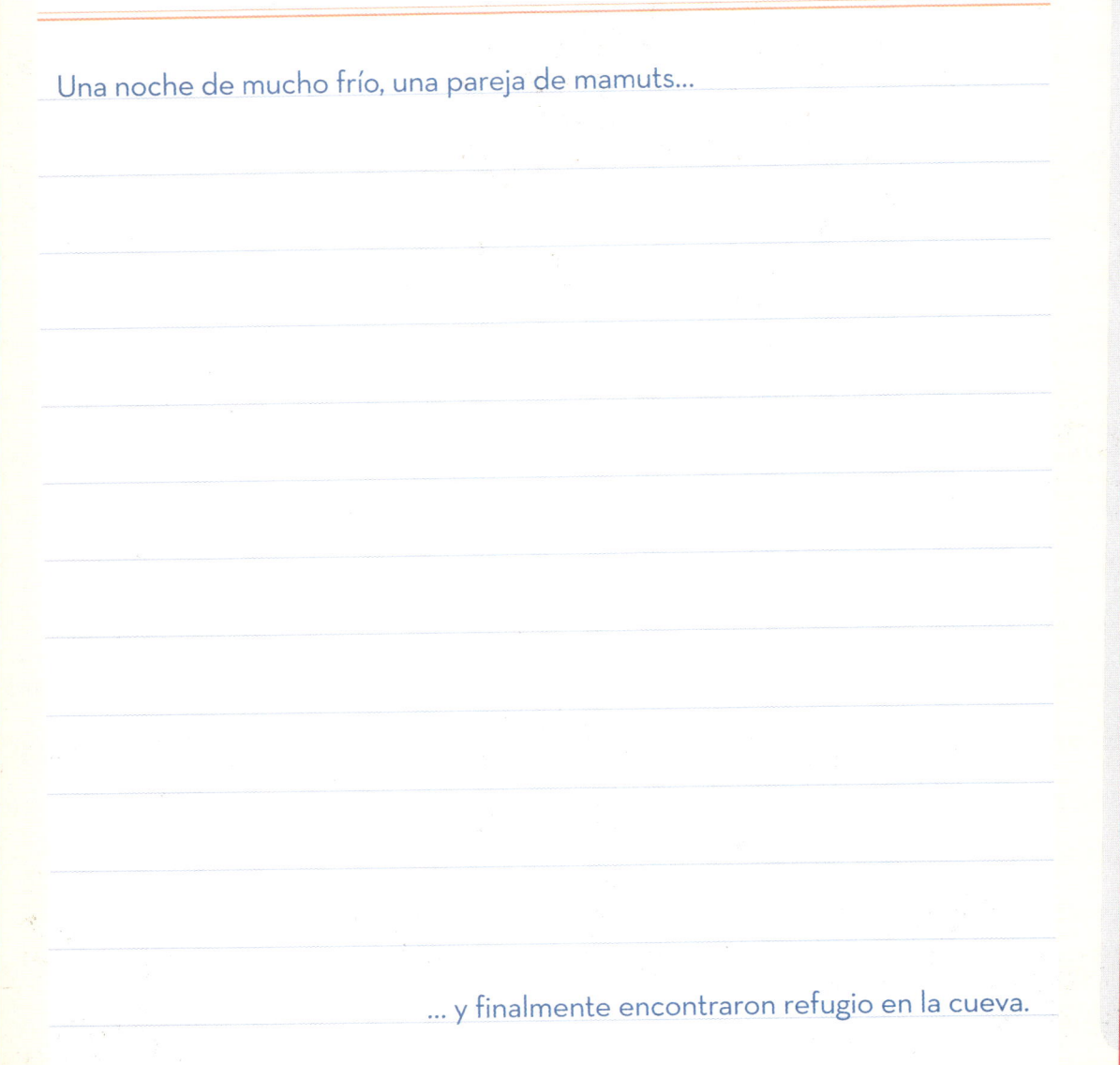

Una noche de mucho frío, una pareja de mamuts...

... y finalmente encontraron refugio en la cueva.

Anochecer: Cena y cuentos

Finalmente ha llegado la hora de dormir como un verdadero hombre prehistórico. Mi amiga me ha acompañado hasta la entrada de una cueva y allí nos hemos despedido, ya que mañana mi máquina me llevará a otra época y otro lugar.

Dejo por un rato este diario de viaje para descansar unas horas antes de mi próxima aventura. Si es que logro dormirme, claro... Afuera se oyen unos ruidos extraños y yo no dejo de pensar en los mamuts... ¡Madre mía!

Los últimos mamuts se extinguieron aproximadamente en el año 2000 a. C. Me pregunto qué animales encontraré en mi próximo destino: el antiguo Egipto.

Martes: El antiguo Egipto

Siempre he sentido curiosidad por conocer el antiguo Egipto. Pero nunca imaginé que fuera TAN maravilloso. El sol tiñe de naranja la Gran Pirámide de Guiza. Y con razón la llaman así: ¡es gigante! Mi abuelo me contó que, hasta la construcción de la Torre Eiffel, fue el monumento más alto del mundo. ¡Y pensar que incluso para esta época ya es antigua! Fue construida durante el reinado de Keops, alrededor de 2500 a.C. La acompañan otras pirámides más pequeñas, las de Kefrén y Micerino.
La Gran Pirámide, además de ser altísima, es deslumbrante. Debe de ser porque está recubierta de una piedra caliza blanca y pulida. Dentro de miles de años un terremoto hará que todos esos bloques decorativos se caigan. Una pena, porque así resulta preciosa. ¿En esta época ya existirán las visitas guiadas? ¡Sería genial poder recorrer la pirámide por dentro!
La ciudad está despertando. Huele a pan recién horneado... Allí hay un niño jugando con una peonza de madera. ¡No sabía que fueran tan antiguas! ¿Se asustará al verme así vestido?

Amanecer: Llegada a destino

—¡Hola! Me llamo Hugo. Estoy buscando a alguien que me lleve a recorrer la ciudad.

—Yo soy Asenet. Puedo acompañarte si quieres. ¿Qué me darías a cambio? ¿Tienes algo de fruta?

—No tengo comida, pero tengo un coche que te puedo prestar.

—¿Y eso qué es?

—Es mi juguete preferido. En realidad, no va a funcionar en la arena. Busquemos una superficie de piedra para que pueda enseñarte.

—¡Vale! Mi padre es artesano y construye juguetes de madera que intercambia en el mercado.

—¡Qué bien! Sabía que los juguetes de madera eran antiguos, pero no tanto.

—Podríamos ir a visitar a mi padre más tarde y mostrarle tu coche. ¿Has desayunado? Porque en la cesta tengo queso y pan de cebada. ¿Quieres?

—¡Sí, gracias! ¿Desayunamos por el camino?

—Sí, ya sé por dónde podemos empezar el recorrido.

¿SABÍAS QUE...

en Egipto, las ciudades y los antiguos templos se construían a la orilla del río Nilo? No solo para abastecerse de agua, sino también porque sus crecidas contribuían a fertilizar el terreno y permitir la agricultura. El trigo y la cebada eran los principales cereales que cosechaban.

Martes: El antiguo Egipto

Busca entre las pegatinas la respuesta a estos acertijos y utiliza las restantes para completar la escena como más te guste.

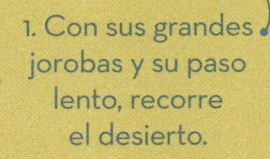

1. Con sus grandes jorobas y su paso lento, recorre el desierto.

2. Remonta el Nilo a fuerza de remo.

3. Animal sagrado, mueve la cola y ronronea por lo bajo.

4. Reptil peligroso, de cola muy larga y dientes filosos.

Así se ve desde la nave

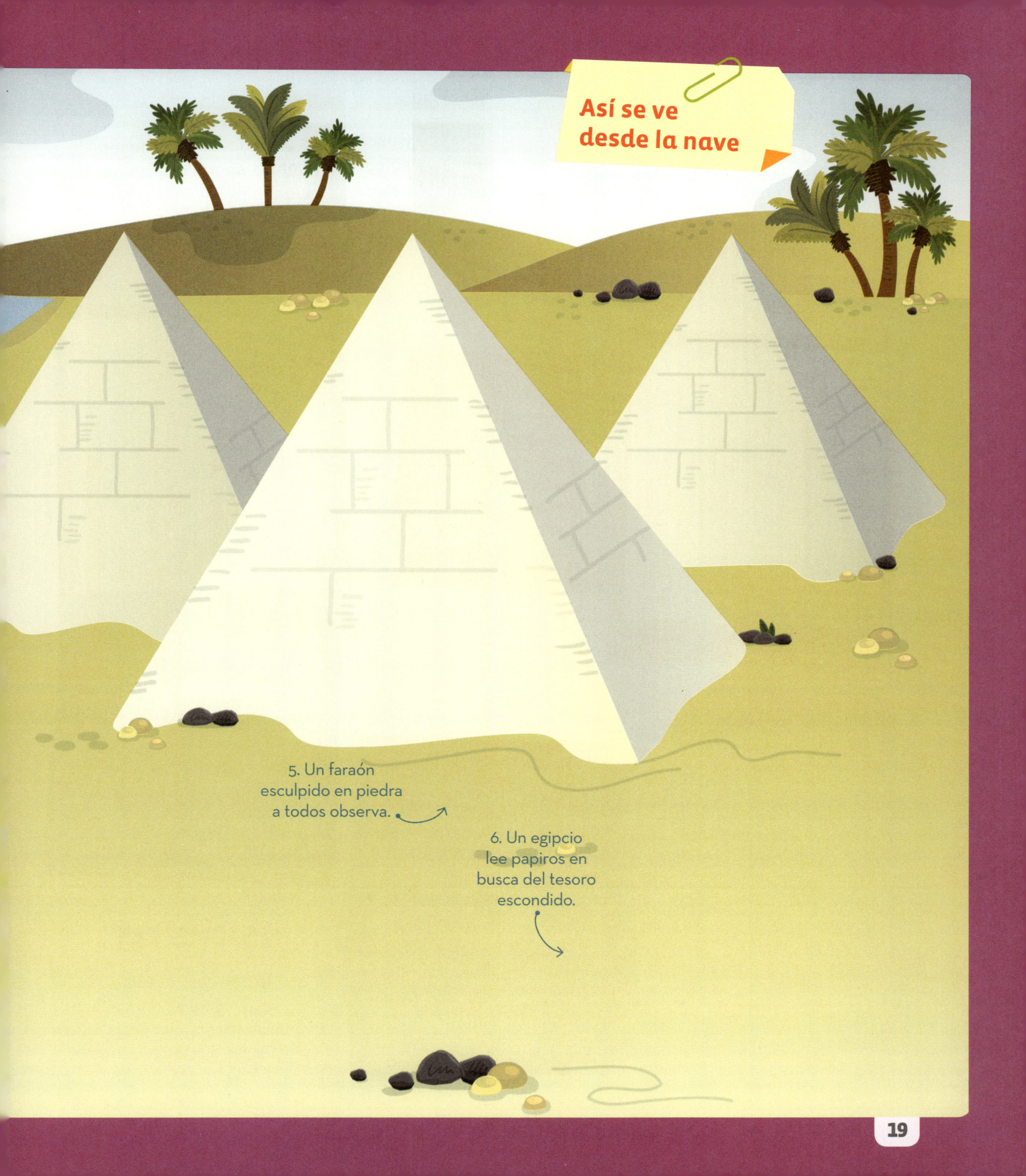

5. Un faraón esculpido en piedra a todos observa.

6. Un egipcio lee papiros en busca del tesoro escondido.

Martes: El antiguo Egipto

He acompañado a Asenet hasta la Casa de la Vida, la escuela en la que estudian los sacerdotes y los escribas. Allí me han contado que los egipcios creen en más de 700 dioses. ¿Cómo harán para recordarlos a todos? Algunos de los dioses asustan bastante, ¡porque tienen cuerpo humano y cabeza de animal!

Busca en las pegatinas a los dioses egipcios y pégalos según corresponda. Las descripciones te darán una pista de dónde colocar cada imagen.

Ra
Conocido también como: el dios del Sol.
Poder: es capaz de dar vida.
Representación: un hombre con cabeza de halcón, sobre la cual lleva un disco solar.

Bastet
Conocida también como: la diosa gata.
Poder: mantiene la alegría en el hogar.
Representación: una mujer con cabeza de gata sosteniendo un sistro, instrumento musical sagrado que suena al agitarlo.

Osiris
Conocido también como: el dios de la resurrección y la agricultura.
Poder: favorece la fertilidad y la regeneración del Nilo. Juzga a las personas tras su muerte.
Representación: un hombre con cabeza de color verde, sobre la cual lleva una gran corona. Tiene los brazos cruzados y sostiene un látigo y un cayado.

¿SABÍAS QUE...

los antiguos egipcios creían que el faraón, soberano del Imperio, era un intermediario de los dioses en la Tierra? Su poder era absoluto y nadie podía cuestionar sus órdenes.

Mañana: La escuela

Anímate a crear tu propio dios egipcio. Dibújalo, inventa un nombre para él y otórgale los poderes que quieras.

Nombre: ....
Conocido también como: ....
Poder: ....
Representación: ....

Martes: El antiguo Egipto

A mediodía, la ciudad se llena de aromas. La abuela de Asenet cocina en el patio trasero, mientras su madre y su hermana tejen cestos con juncos. Su padre y sus hermanos vuelven del mercado al anochecer. Aquí no existe el dinero, así que los egipcios intercambian trabajo por comida, por telas o por lo que necesiten.

> Escribe las palabras de la lista de Hugo colocando una letra en cada una de las casillas vacías.

¿Qué hay en una despensa egipcia?

- ✓ CERVEZA
- ✓ HIGOS
- ✓ VINO
- ✓ PESCADO
- ✓ TRIGO
- ✓ CEBOLLA

Crucigrama con la palabra **EGIPTO** en vertical.

Mediodía: Almuerzo en familia

Si mi mamá estuviera aquí saldría espantada porque el lugar está lleno de escorpiones, lagartijas y víboras. Hace tanto calor fuera que entran a las casas buscando sombra. Por suerte, el gato –que en Egipto es un animal sagrado– los mantiene a raya.

Colorea las ilustraciones siguiendo los patrones o creando tus propias combinaciones de formas y colores.

¿SABÍAS QUE...

los egipcios reverenciaban tanto a los gatos que perdieron una batalla por no herirlos? Los persas, que asediaban la ciudad, ataron gatos a sus escudos. Los soldados egipcios prefirieron rendirse antes que atacarlos.

23

Martes: El antiguo Egipto

Asenet me ha ayudado a entrar en una pirámide y he podido ver los sarcófagos que guardan las momias de los antiguos faraones de Egipto. También he encontrado muchos objetos que han dejado aquí a modo de ofrenda a los dioses.

Observa con atención las fotos que ha sacado Hugo y descubre las siete diferencias.

Tarde: Exploramos las pirámides

Aunque estar dentro de una pirámide es impresionante, ¡mejor salgo cuanto antes! ¡A ver si resucita alguna momia y me persigue!

Ayuda a Asenet a encontrar el camino de salida.

Martes: El antiguo Egipto

Después de cenar, el padre de Asenet se ha sentado junto a él en la arena y ha dibujado secuencias de formas geométricas que mi amigo debía continuar. Así, aprende jugando. Los antiguos egipcios prestan mucha atención a la geometría y a las matemáticas. Sin los profundos conocimientos que tienen de estas ciencias, ¡no hubieran podido construir las pirámides!

Continúa la secuencia dibujando la figura que corresponda en la casilla vacía.

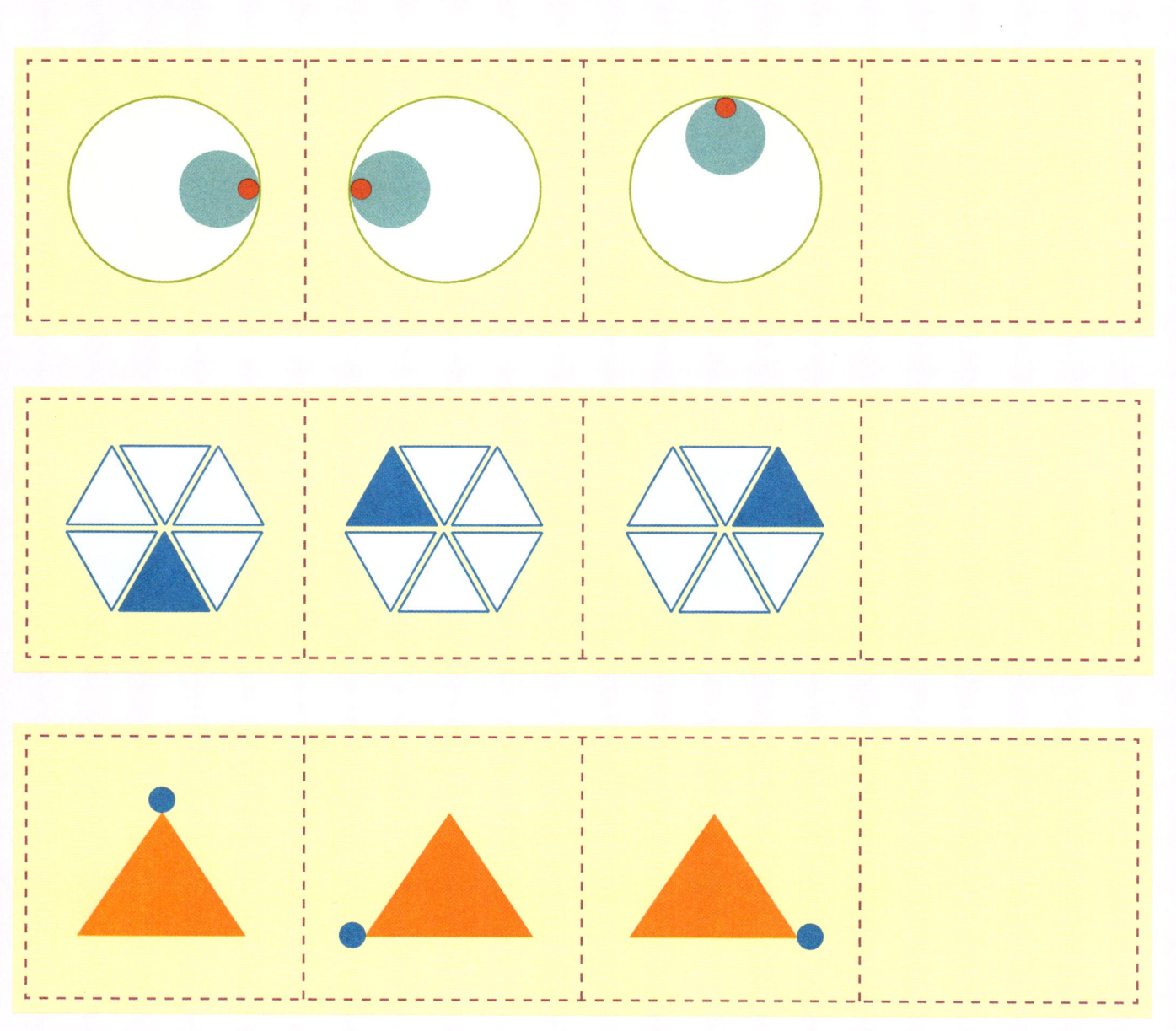

26

Anochecer: Juegos y pasatiempos

Asenet se ha quedado dormido antes de que pudiera despedirme. Por eso les he pedido a sus padres que le dejen una nota de mi parte. Todavía no existe el papel, así que utilizan tiras de un vegetal llamado papiro, que prensan y dejan secar. Y escriben utilizando jeroglíficos, que son símbolos que representan un sonido o una idea.

¿Qué mensaje ha dejado Hugo a su amigo? Descifra el código y descúbrelo. Algunas pistas:
• Cada símbolo representa una letra.
• Puedes ayudarte con las que ya están descifradas.

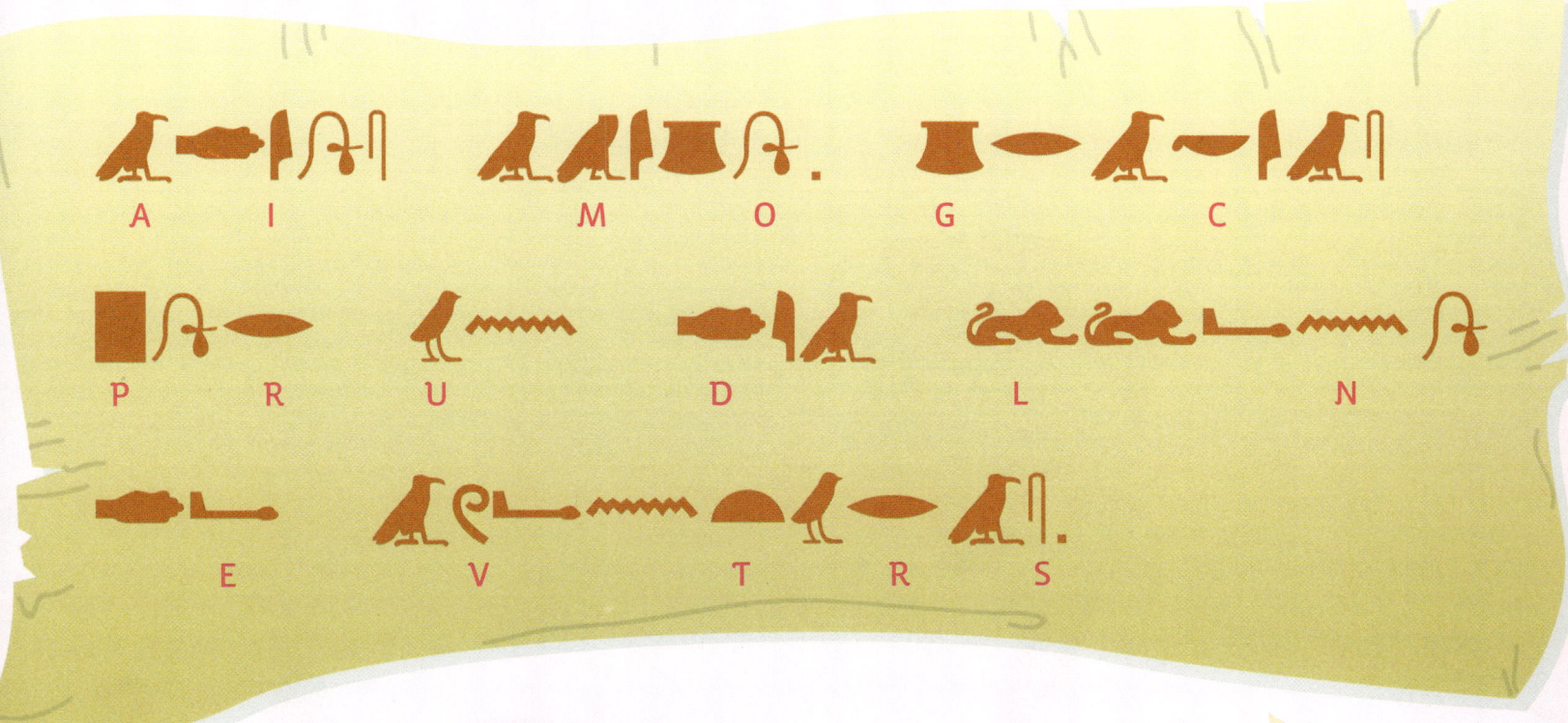

A   I   M   O   G   C

P   R   U   D   L   N

E   V   T   R   S

¿SABÍAS QUE...

en el año 1799 se descubrió la piedra de Rosetta, en la que aparecía un texto escrito en tres idiomas diferentes, uno de ellos egipcio? Gracias a ella hemos podido descifrar los jeroglíficos sin necesidad de viajar al pasado.

Miércoles: El Imperio romano

La nave se ha detenido en la entrada del Circo Máximo. La he dejado junto a unos carros que estaban aparcados y la he cubierto con una lona. Espero que así pase desapercibida. Después he buscado una sábana y me la he colocado a modo de toga.

El circo ocupa casi por entero el valle situado entre las colinas del Palatino y el Aventino. En el centro, rodeada de gradas de piedra, está la *arena*. De forma alargada, se encuentra partida por la mitad mediante un muro bajo llamado *spina*. Este muro forma sobre la arena dos calles que se usan para hacer carreras. En cada punta de la *spina* hay un poste en torno al cual los carros suelen hacer peligrosos giros a gran velocidad. Aquí suelen venir más de doscientas cincuenta mil personas a ver las competiciones... ¿qué pasaría si vieran mi nave?

A lo lejos, se escuchan voces de una multitud que aclama al césar. Un gladiador sale entonces del circo a toda prisa; quizás él sepa de dónde provienen los gritos.

Amanecer: Llegada a destino

—¡Hola! ¿Podrías decirme de dónde vienen esos gritos?

—¿No lo sabes? ¡Toda la ciudad está en el Coliseo! Hoy ha abierto por fin sus puertas. ¡Será la mayor celebración de todos los tiempos! Aquí en el circo también habrá espectáculos, pero los principales se desarrollarán en las arenas del nuevo anfiteatro.

—¡Vaya suerte la mía! ¡He llegado en el día indicado! ¿Me dejarán entrar?

—Si te das prisa, puedes venir conmigo. Me llamo Carpóforo.

—¡¡¿El famoso gladiador Carpóforo?!!

—Aún no soy famoso, ¡pero espero vivir lo suficiente para serlo algún día! Soy un *bestiarius*, me enfrento a bestias salvajes en lugar de pelear contra otros gladiadores. Hoy combatiré contra un oso, un león y un leopardo. ¿Quieres verlo? ¡Será grandioso!

—¡Ya lo creo! ¡El pueblo entero te aclamará y pasarás a la historia! Saldrás vencedor del primer combate, y luego pelearás contra un rinoceronte y también ganarás.

—¿Y cómo lo sabes? ¿Eres acaso un oráculo o algo similar?

—Mmm, no puedo explicártelo. Confía en mí, hoy será un gran día. Todos te recordarán durante miles de años y te compararán con el gran Hércules por tus hazañas.

—¡Ojalá sea así! Ven conmigo, podrás ver el espectáculo desde la galería inferior.

¿SABÍAS QUE...

la antigua ciudad de Roma, situada en la península Itálica, fue cuna de una civilización que extendió su poderío a lo largo de todo el Mediterráneo? Su idioma, el latín, dio origen a un gran número de lenguas europeas, como el español, el italiano, el francés y el portugués.

Miércoles: El Imperio romano

Busca entre las pegatinas la respuesta a estos acertijos y utiliza las restantes para completar la escena como más te guste.

1. Su corona simboliza victoria y poder. Y su palabra para todos es ley.

2. Ruge feroz al *bestiarius*. ¿Se lo comerá de un bocado?

3. Con escudo, espada y mucho valor hará frente a un animal feroz.

4. Galopa rápido como el viento cuando lo conduce un feroz guerrero.

5. Blancas y esbeltas, llevan la luna a cuestas.

30

Así se ve desde la nave

6. El césar de piedra mira la carrera.

7. En cada extremo va uno, alto y puntiagudo.

8. Armado y resuelto, espera vencer, pero su contrincante ¡es más alto que él!

Miércoles: El Imperio romano

No he podido quedarme a ver toda la batalla entre Carpóforo y las fieras porque era demasiado violenta. He logrado ver el inicio y tomar dos fotos. Luego he salido corriendo del Coliseo. Volveré más tarde y aprovecharé la mañana para recorrer la ciudad.

Descubre las siete diferencias y márcalas sobre la imagen de la derecha.

32

Mañana: Visita al Coliseo

He recorrido los alrededores del Coliseo y he descubierto varias tiendas que vendían comida. La mayoría están decoradas con mosaicos que representan las mercancías que venden.

Colorea el mosaico siguiendo el código.
✖: azul   ◯: marrón   ●: verde

¿SABÍAS QUE...

los romanos construían los mosaicos con pequeñas piezas de forma cúbica llamadas teselas? Estas piezas eran de distinto tamaño y estaban hechas de roca calcárea, material de vidrio o cerámica. El artista las disponía sobre la superficie, como un rompecabezas, distribuyendo el color y la forma y aglomerándolas con una masa de cemento.

Miércoles: El Imperio romano

Como suponía que ya habría terminado el combate, he ido a buscar a Carpóforo. Por suerte, me ha invitado a comer, porque no he podido leer ni un solo precio. ¡Están todos en números romanos!

Anota al lado de cada precio su equivalente en números actuales.

I = 1   VI = 6
II = 2   VII = 7
III = 3   VIII = 8
IV = 4   IX = 9
V = 5   X = 10

¿SABÍAS QUE...

las cifras romanas se siguen utilizando en la actualidad? Las encontramos en algunos relojes, para referirnos a los siglos, para numerar tomos de libros, en nombres de festivales o campeonatos y parar diferenciar los reyes que se llaman igual, entre otros usos.

Mediodía: Baño y almuerzo

A mediodía, las termas o baños romanos abren sus puertas al público. Siempre creí que eran grandes piscinas en donde todos se bañaban en agua turbia (¡puaj!). Pero hoy he descubierto que son una combinación de gimnasio y *spa*: tienen salas para ejercicios, masajes, baños a distintas temperaturas y vapor.

Encuentra el camino que pasa por todas las salas.

35

Miércoles: El Imperio romano

Por la tarde, hemos acudido al Coliseo para presenciar el espectáculo de cierre del día. Ha sido grandioso. ¡La arena se ha llenado de agua y se ha celebrado una batalla naval! A esta representación los romanos la llaman naumaquia.

Completa las líneas entrecortadas y descubre al ganador del combate. Luego, colorea la imagen para darle vida a la escena.

Tarde: Tiempo libre

Al salir del Coliseo, hemos visitado varios templos. He descubierto que muchas de las palabras que usamos habitualmente están relacionadas con las divinidades romanas: los nombres de los planetas, de los días de la semana e incluso de la mayoría de los meses derivan de sus dioses.

Los nombres de los días y los dioses que representan se han mezclado. Ordénalos colocando los números del 1 al 7 en las imágenes. Los atributos de cada dios te servirán de pista.

1 Lunes · Luna
Diosa de la Luna
Atributos: la luna, el arco de plata, la flecha y el carcaj.

2 Martes · Marte
Dios de la guerra
Atributos: la espada, el escudo y el casco.

3 Miércoles · Mercurio
Dios del comercio y de la mensajería
Atributos: Pegaso, el caduceo y el gorro alado.

4 Jueves · Júpiter
Padre de los dioses y de los hombres
Atributos: el águila, el rayo y el cetro.

5 Viernes · Venus
Diosa del amor y la belleza
Atributos: la paloma, el espejo y la concha marina.

6 Sábado · Saturno
Dios del tiempo, la agricultura y la cosecha
Atributos: una larga barba blanca y la hoz.

7 Domingo · Sol
Dios del Sol
Atributo: la corona de rayos.

37

Miércoles: El Imperio romano

El emperador Tito ha organizado un banquete. Como Carpóforo ha vencido hoy a más de veinte animales, ha sido invitado. ¡Y me ha llevado con él! Cada invitado tiene asignado un asiento de acuerdo con su posición social. La sociedad romana se divide en patricios, plebeyos, libertos y esclavos, que se identifican a través de la vestimenta.

Busca en las pegatinas la imagen que corresponda a cada descripción.

Los patricios
Descendientes de los primeros padres de Roma. Usaban una toga blanca con una franja de color púrpura en los bordes.

Los plebeyos
Ciudadanos comunes. Usaban togas de un solo color o túnicas de colores terrosos.

Los libertos y esclavos
Los libertos eran esclavos que habían sido liberados de sus amos. Ambos utilizaban túnicas de telas rústicas y sandalias.

38

Anochecer: El banquete

Durante el banquete han servido algunos platos verdaderamente exóticos: lenguas de flamenco rosa, sesos de alondra con miel, talones de camello, crestas de ave... ¡qué asco!
Los invitados siguen celebrando, pero yo me despido. ¡Debo partir hacia mi próximo destino!

Hugo ha hecho algunas fotografías del banquete, pero casi todas las ha sacado con demasiado zoom. Identifica a qué fragmento de la escena corresponde cada una de las fotos.

¿SABÍAS QUE...

el mayor banquete de la historia fue el que ofreció Julio César para celebrar sus victorias en Oriente? Invitó durante varios días a 260.000 personas y comieron en 22.000 mesas.

39

Jueves: Los vikingos

Los vikingos fueron valientes exploradores y feroces guerreros que aterrorizaron a más de una nación. ¡Muchos pueblos incluso se rendían sin ofrecer resistencia! Sé que puede ser peligroso visitarlos, pero sus fantásticas embarcaciones y su espíritu libre y aventurero siempre me han fascinado. Habitaron, en sus orígenes, los países escandinavos, pero no se quedaron solo allí. Otros grupos se asentaron en Groenlandia, Finlandia, Islandia, las Islas Británicas, Italia, África, Rusia, Constantinopla ¡y hasta cruzaron el Atlántico y llegaron a América del Norte mucho antes que Colón! Erik el Rojo fue quizás el más famoso de todos los vikingos, porque fundó las primeras colonias en Groenlandia.

He dejado la nave escondida entre unas colinas rocosas. En la orilla, un barco se prepara para partir. Y hacia el interior del fiordo, lejos de la costa, se elevan columnas de humo. Allí debe de estar la aldea... Pero, antes de visitarla, iré a observar el barco desde cerca.

Amanecer: Llegada a destino

—¡Hola! ¿Necesitan ayuda?

—Jajaja... ¡Con esos brazos flacos no puedes ayudar a nadie! A menos que sepas manejar muy bien la lanza o el arco... ¡Vamos a cazar morsas!

—¡¿Y para qué quieren cazar morsas?!

—¿Y con qué piensas que nos vestiremos cuando llegue el invierno? Usamos la piel de las morsas y las focas para abrigarnos. Además, ¡el marfil que obtenemos de los colmillos de las morsas se vende cada vez a mejor precio!

—Si la expedición no dura más de un día, quizás podría ir con ustedes y ayudarles con la limpieza de la cubierta...

—No, pequeño. Para eso están los esclavos. Además, estaremos fuera varios días. Y partiremos mañana. Aún quedan preparativos por hacer. Y tú, ¿de dónde vienes? ¿Has llegado con los nuevos colonos islandeses?

—Eeehhh, sí, claro. Ya se están instalando en la aldea. Me llamo Hugo.

—Soy Jensen, pero mis amigos me llaman Jens. Si pasas por mi granja, mi mujer te dará algo para desayunar. Encontrarás la cabaña enseguida: es la que está junto a Brattahlíð, la hacienda más grande, propiedad de Erik el Rojo.

¿SABÍAS QUE...

Groenlandia significa «tierra verde»? Fue bautizada así por Erik el Rojo, con la intención de conseguir colonos islandeses que se atrevieran a seguirlo hasta el nuevo territorio. El asentamiento floreció y llegó a albergar un total de casi 5.000 habitantes.

Jueves: Los vikingos

Busca entre las pegatinas la respuesta a estos acertijos y utiliza las restantes para completar la escena como más te guste.

1. Cabello como el fuego y aspecto feroz, este gran guerrero a todos da temor.

2. Con su techo verde, una pequeña colina parece.

3. Redondo y colorido, protege al guerrero de sus enemigos.

42

Así se ve desde la nave

4. Atraviesa los mares y afronta tormentas gracias a su gran vela.

5. Tras cada saqueo, su contenido va en aumento.

7. Con ella derriban árboles o pelean en la guerra. ¡Es arma letal en manos muy diestras!

6. Arma larga y filosa, en manos vikingas es muy peligrosa.

Jueves: Los vikingos

En la aldea, las cabañas son de madera o piedra, tienen el techo recubierto de hierba verde y no poseen chimenea: el humo sale por un orificio central. La esposa de Jensen me ha ofrecido pan de centeno, mantequilla y una leche espesa y salada llamada *skyr*.

Busca en las pegatinas las piezas que faltan y pégalas para completar el rompecabezas.

¿SABÍAS QUE...

los vikingos planchaban su ropa? Cuidaban tanto su apariencia, que utilizaban piedras o vidrio caliente para quitar las arrugas al tejido. Además, fabricaban jabón, bastoncillos para la higiene de los oídos, peines, pinzas y hasta utensilios para el afeitado.

Junto a cada puerta, descansa un escudo. Los vikingos los usaban para protegerse en la batalla. Además del escudo, utilizaban yelmo de cuero endurecido, casco, y también espada, hacha, daga o martillo.

Mañana: Desayuno en la aldea

Diseña tu propio escudo vikingo. Puedes inspirarte en algunos de los que te mostramos a continuación.

¿SABÍAS QUE...

los cascos de los vikingos en realidad no tenían cuernos? Eran redondeados, y algunos contaban con una protección para la frente. Las espadas eran tan costosas que estaban al alcance de pocos, pasaban de padres a hijos y hasta se les ponía nombre.

45

Jueves: Los vikingos

He acompañado a los hijos de Jensen a llevarle el almuerzo a su padre y he podido ver cómo una embarcación partía con la intención de comerciar con otros pueblos y se abría paso entre los icebergs.

Encuentra el camino a través de los hielos para que la embarcación pueda salir del fiordo y abrirse camino hasta mar abierto.

Mediodía: Visita a las embarcaciones

Los vikingos desarrollaron varios tipos de embarcaciones, pero la más famosa es el *drakkar*, que significa «dragón». Se las llamaba así porque solían adornar el mascarón de proa con la talla de una cabeza de dragón, con el fin de ahuyentar a los espíritus protectores de la tierra que querían invadir.

Hugo ha fotografiado con zoom algunas partes del *drakkar*. Identifica a qué sector de la imagen principal corresponde cada uno de los fragmentos ampliados.

47

Jueves: Los vikingos

Durante la tarde, los niños ayudan con las tareas de la granja y también se entrenan en el manejo de las armas. ¡Desde pequeños son educados para convertirse en grandes guerreros!

Descubre qué actividad realiza cada niño y qué tarea le ha tocado a Hugo.

48

Tarde: Tiempo libre

Mientras estaba con los niños vikingos, ¡ha salido Erik el Rojo de su granja! Al sol, su pelo y su barba son del color del fuego. Se ha reunido con los demás guerreros y ha partido hacia otras tierras con intención de saquearlas y capturar esclavos.

Colorea a Erik el Rojo para que parezca un temible guerrero vikingo.

Jueves: Los vikingos

Antes de partir, Jensen ha contado algunas leyendas. Los vikingos creen en varios dioses, que viven en un lugar al que llaman Asgard. Entre ellos destacan Odín, Thor y Loki. ¡Ni se imaginan que dentro de miles de años estos dioses serán protagonistas de películas de cine!

Debajo están las descripciones de los principales dioses vikingos. Une cada una a la imagen correspondiente y escribe su nombre en alfabeto rúnico.

THOR
Dios del trueno, influye en las cosechas y en las batallas.
Atributos: Mjolnir, su martillo de guerra, que siempre vuelve a sus manos después de ser lanzado.

FRIGG
Esposa de Odín. Diosa del cielo, el manejo del hogar, el matrimonio, la maternidad y las artes domésticas.
Atributos: una rueca, con la que hila las nubes, y un manojo de llaves sujeto al cinturón.

Anochecer: Historias de despedida

Alfabeto rúnico

f	u	th	a	r	k	g	w
h	n	i	j	y	p	z	s
t	b	e	m	l	ng	d	o

¿SABÍAS QUE...

los vikingos utilizaban el alfabeto rúnico? Se llama así por sus letras, las runas, que se escribían en los bordes de pequeñas piezas de madera. No tenían trazos horizontales porque se perdían en la rugosidad natural, ni curvos, porque eran muy difíciles de trazar.

FREYJA
Diosa del amor, la belleza y la fertilidad.
Atributos: una capa hecha con plumas de halcón y el Brisingamen, un collar de oro que representa el Sol.

ODÍN
Dios de la sabiduría, la guerra y la muerte.
Atributos: casco con alas, lanza y un solo ojo.

Viernes: La antigua China

La civilización china, situada en la parte oriental del continente asiático, es una de las más antiguas del mundo. Desde la Antigüedad destacó en la tecnología, el arte, la astronomía y la arquitectura. La situación geográfica, el relieve montañoso y la construcción de la Gran Muralla contribuyeron a que se mantuviera aislada del resto del mundo y desarrollara una cultura particular en comparación con otras civilizaciones. Todo esto rodeó a China de un halo de magia y misterio.

Además de la comida, lo que más me gusta de China es el teatro de sombras. En casa, suelo crear animales interponiendo mis manos entre la luz y la pared. ¡Es muy divertido! Dicen que el nombre de «sombras chinescas» no tiene que ver con que se desarrollara primero en China, sino con la delicada belleza que adquirieron las representaciones con sombras en Pekín y Cantón. Allí hay un niño; voy a preguntarle dónde puedo ver una función...

Amanecer: Llegada a destino

—¡Hola! Quisiera ver una función de teatro de sombras. ¿Sabes adónde puedo ir?

—Sí, hay un teatro aquí cerca, en la ciudad, cruzando el jardín imperial. ¡Dicen que es asombroso!

—¿Nunca has ido a una función? Si viviera aquí, ¡pasaría el día entero en el teatro!

—Nunca he salido del palacio. Como soy uno de los hijos del emperador, vivo en la Ciudad Prohibida. Se llama así porque solo los miembros de la familia imperial y los nobles pueden residir entre sus murallas y nadie puede salir sin permiso de mi padre. Esta es la primera vez que se me permite visitar el pueblo.

—¿Y nunca se te ha ocurrido escaparte?

—¡De ninguna manera! ¡Eso sería un deshonor! Ya lo dijo Confucio: el hijo debe lealtad, respeto y obediencia al padre.

—No sé quién es Confucio.

—¿No lo sabes? ¡Confucio fue el más famoso pensador chino! Su sabiduría guía nuestras vidas.

—Si quieres, me puedes hablar de él mientras vamos al teatro. Por cierto, me llamo Hugo.

—Mi nombre es Jan. ¡Vayamos al teatro entonces!

¿SABÍAS QUE...

la construcción de la Gran Muralla China llevó más de dos mil años? Fue creada para defender la frontera y tiene más de 21.000 kilómetros de largo. Aunque durante mucho tiempo se creyó que era visible desde la Luna, recientemente se confirmó que no se distingue desde el espacio.

Viernes: La antigua China

Busca entre las pegatinas la respuesta a estos acertijos y utiliza las restantes para completar la escena como más te guste.

1. Ligera y delicada, flota en el cielo. Si el hilo se rompe, volará muy lejos.

2. Muy concentrado, practica kung-fu con los ojos cerrados.

3. Una dama china da pequeños pasos; lleva traje rojo y rodete ajustado.

6. Sombra da sin queja y a la llovizna aleja.

7. De madera y piedra, el río cruza para que quien quiera llegue a las pagodas.

54

Así se ve desde la nave

5. Chinito contento, mira las cometas que surcan el cielo.

4. Cargado va, desde el huerto al palacio real.

8. La corriente afronta, con remo y paciencia.

Viernes: La antigua China

Después de comer un panecillo al vapor llamado *mantou*, hemos entrado en el teatro. Las marionetas, hechas de piel de camello o buey, estaban pintadas con delicadeza. Al ser manipuladas entre una pantalla blanca y una linterna, creaban fantásticas sombras que se movían al son de la música.

¿Te animas a construir tu propio teatro de sombras? ¡Inténtalo!
1. Copia estos modelos sobre cartulina negra.
2. Recorta el dibujo y pégalo sobre una pajita con cinta adhesiva.
3. Coloca la marioneta entre una linterna y una pared blanca y ¡listo!

Mañana: Función de teatro

Después del teatro, Jan me ha llevado a ver la ópera china. Cada representación combina actuación, acrobacia, artes marciales, bellas artes, música y poesía. Los actores están tan maquillados ¡que parece que lleven máscaras!

En la ópera china, el maquillaje de los actores tiene un significado especial. Descubre cómo se dicen los colores en chino y decora la máscara para darle la personalidad que quieras.

COLORES EN CHINO
Hóngsè (rojo): significa valentía, honestidad, prudencia y sensatez.
Zǐsè (violeta): simboliza la sabiduría y la bravura.
Lánsè (azul) y *lǜsè* (verde): representan a los héroes fuertes e intrépidos.
Huángsè (amarillo) y *báisè* (blanco): ferocidad, traición, astucia y peligro.

Viernes: La antigua China

Mientras íbamos a almorzar, Jan me ha contado que una de las principales fuentes de riqueza de su país es el comercio de especias y de seda: un tejido cuyo secreto de elaboración solo ellos conocen.

La Ruta de la Seda es muy peligrosa. Ayuda al vendedor a encontrar el camino más seguro eligiendo el sendero con menor puntuación de peligro.
- Piratas: 5 puntos
- Desierto: 3 puntos
- Vikingos: 2 puntos

58

Mediodía: El almuerzo

La comida china busca el equilibrio entre lo frío y lo caliente; lo blando y lo crujiente; y lo dulce, lo salado, lo ácido, lo amargo y lo picante. Jan me ha explicado que eso se debe al taoísmo, una filosofía que sostiene que todo está compuesto por dos fuerzas opuestas y complementarias: el yin y el yang.

Para la cultura china, algunos alimentos son yin y otros, yang. Busca en las pegatinas y coloca los alimentos yin a la izquierda y los yang a la derecha. ¡Sigue las pistas para reconocerlos!

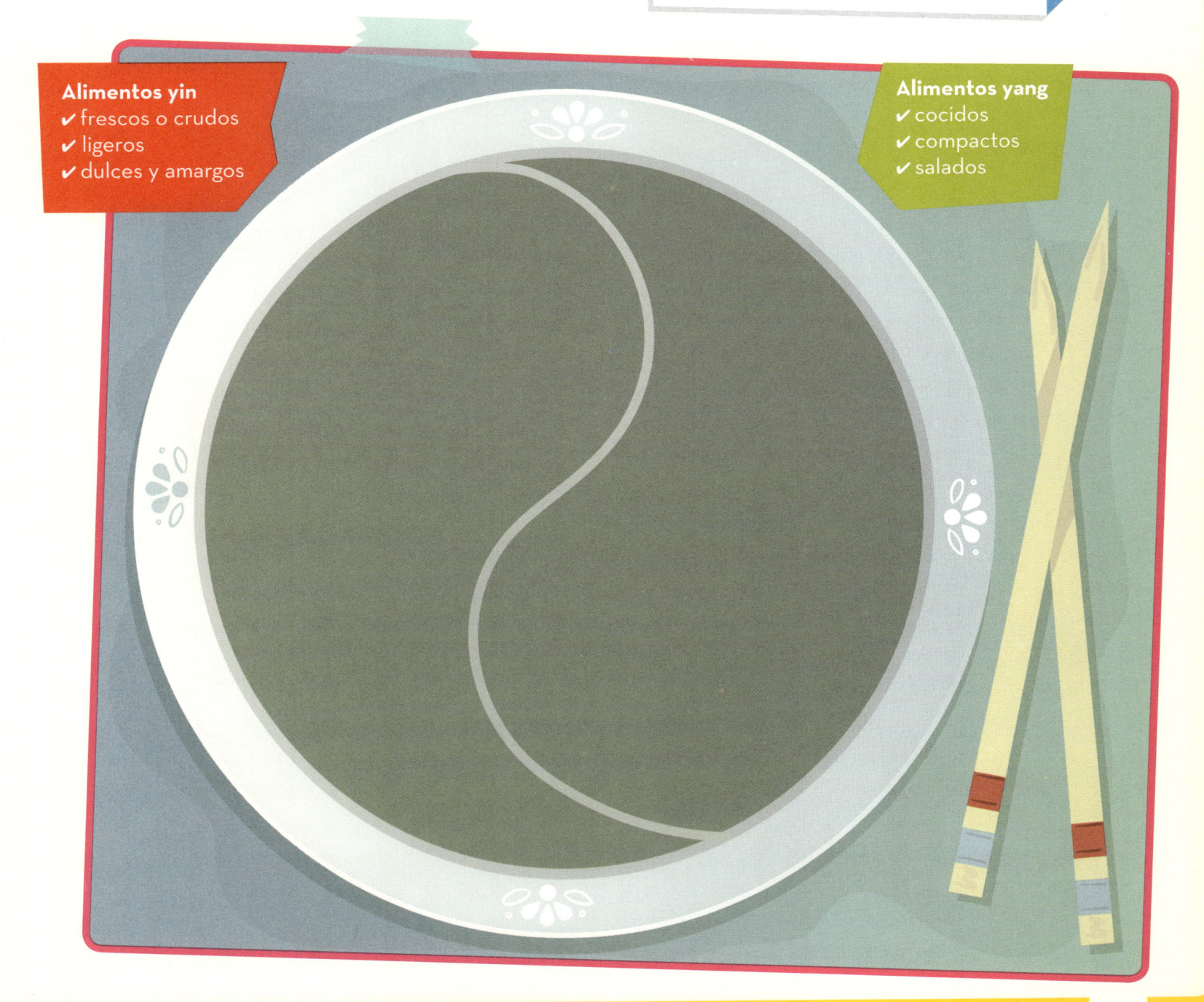

Alimentos yin
- ✔ frescos o crudos
- ✔ ligeros
- ✔ dulces y amargos

Alimentos yang
- ✔ cocidos
- ✔ compactos
- ✔ salados

Viernes: La antigua China

Por la tarde, hemos ido al parque a observar cómo los niños echaban a volar hermosas cometas. Las había de todas las formas y colores imaginables. He intentado hacer volar una... pero he terminado enredado con el hilo. ¡Hasta las niñas más tímidas se rieron!

Dibuja el hilo que falta para unir cada cometa con el niño que la hace volar. Para saber cuál le corresponde a cada uno, deberás descubrir un elemento común entre ambos.

Las pagodas suelen estar decoradas con imágenes de dragones. Jan me ha contado que el dragón es un ser mítico con ojos de langosta, cuernos de ciervo, morro de buey, nariz de perro, melena de león, cola de serpiente, escamas de pez y garras de águila. ¡Su aspecto es temible!

Tarde: Juegos y entretenimientos

Dale vida a este magnífico dragón, coloreándolo como más te guste.

Viernes: La antigua China

Al atardecer, hemos visto fuegos artificiales destellando en el cielo. Me han hecho pensar en cuántas cosas le debemos a la civilización china. ¡Fueron unos genios! Un sinfín de inventos que hoy utilizamos cotidianamente los crearon ellos.

Busca en la sopa de letras los principales inventos que nos ha legado la civilización china: PORCELANA, SEDA, FIDEOS, PÓLVORA, TINTA, PAPEL, IMPRENTA, BRÚJULA, SOMBRILLA, COMETA.

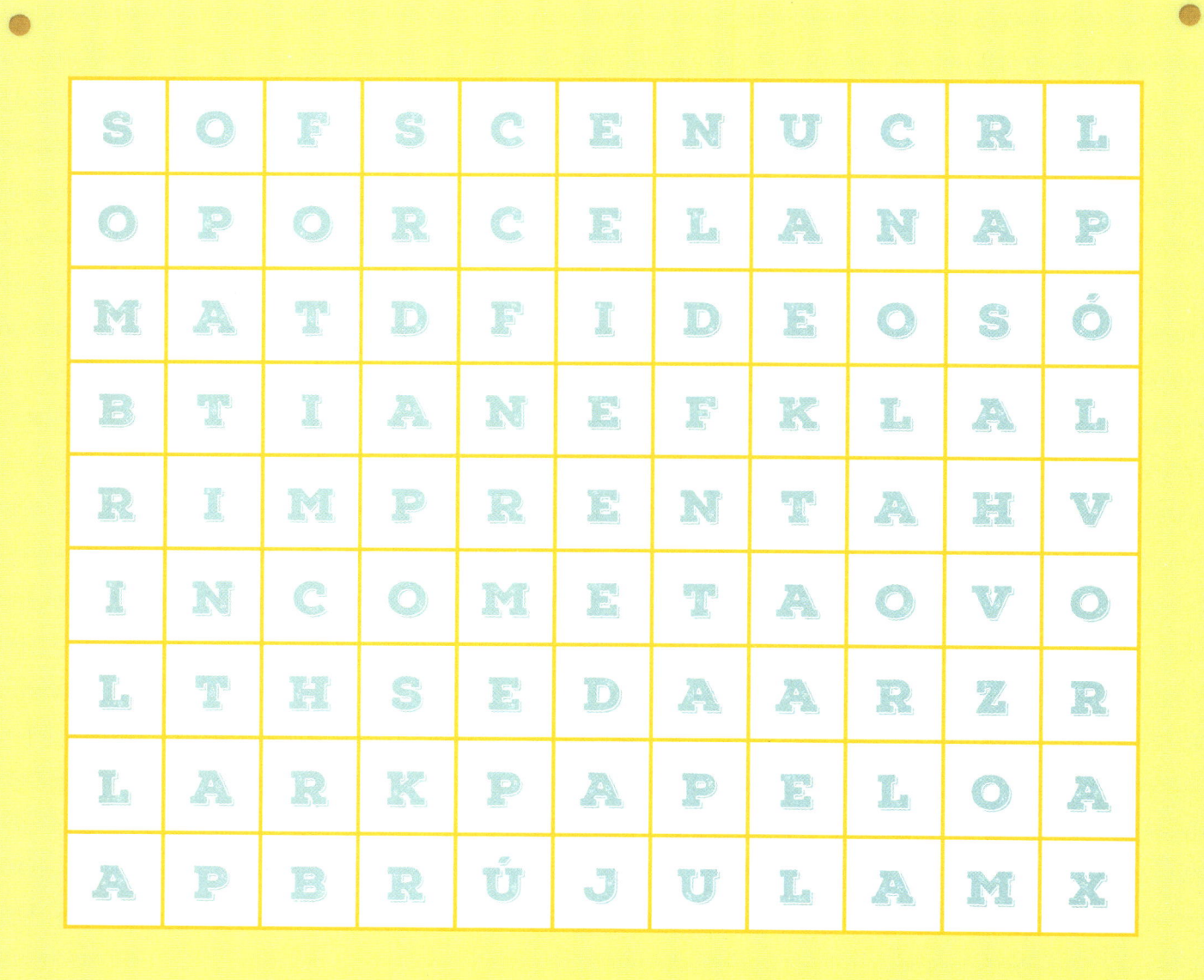

S	O	F	S	C	E	N	U	C	R	L
O	P	O	R	C	E	L	A	N	A	P
M	A	T	D	F	I	D	E	O	S	Ó
B	T	I	A	N	E	F	K	L	A	L
R	I	M	P	R	E	N	T	A	H	V
I	N	C	O	M	E	T	A	O	V	O
L	T	H	S	E	D	A	A	R	Z	R
L	A	R	K	P	A	P	E	L	O	A
A	P	B	R	Ú	J	U	L	A	M	X

Atardecer: Cultura china

Al llegar a la Ciudad Prohibida, Jan me ha saludado con una reverencia y me ha entregado una nota escrita con elegante caligrafía. ¡Lástima que no sé leer chino! Como aún era temprano, antes de regresar a mi nave me he quedado observando a unos monjes que practicaban kung-fu en un templo.

¿Puedes descubrir cuál es la sombra correcta en cada caso? Márcala con un círculo.

¿SABÍAS QUE...

la escritura china está formada por ideogramas, que son caracteres que representan objetos o ideas? Aunque existen más de cincuenta mil caracteres, para poseer fluidez de lectura en chino basta con dominar unos tres mil.

Sábado: Los mayas

Los mayas vivieron en América Central desde el siglo III a.C. al XV d.C. Aunque no conocían la rueda ni las herramientas de metal, y tampoco utilizaban los animales ni para el trabajo ni para el transporte, lograron desarrollar una civilización de las más brillantes de la historia. Crearon grandes monumentos y, de hecho, varias construcciones mayas se levantaron siguiendo cálculos astronómicos muy precisos. Por ejemplo, durante la puesta de sol de los equinoccios de primavera y otoño, la proyección de luz marca siete triángulos invertidos en la principal pirámide de Chichén Itzá. Se forma así una «serpiente de luz» que asciende por la escalera de la pirámide. Increíble, ¿no?

Ya he dejado oculta la nave. Comenzaré el recorrido por el mercado, uno de los espacios principales en todas las ciudades mayas. Intentaré encontrar a alguien que me acompañe a recorrer la ciudad.

¿SABÍAS QUE...

los mayas nunca llegaron a formar un Estado único? Se organizaban en ciudades-estado, que eran grandes centros religiosos y administrativos. Cada uno estaba gobernado por un jefe supremo llamado *Halach Uinik*, que gobernaba sobre un determinado territorio.

Amanecer: Llegada a destino

—¡Buenos días! Soy un viajero y busco a alguien que me acompañe a recorrer la ciudad. ¿Podrías ayudarme?

—Ahorita mismo tengo que llevar estas cestas de maíz al mercado. Pero, si me ayudas a cargarlas, podría acompañarte.

—¡Trato hecho! ¿Por dónde podríamos empezar el recorrido?

—Comenzaremos por la zona más alejada del centro ceremonial. Allí vivo con mis padres y mis siete hermanos en una casa sencilla. A medida que nos acercamos al centro, las viviendas mejoran. Primero verás las casas de los mercaderes más ricos, luego las de los nobles y, por último, el palacio rodeado de plazas y templos.

—¿En el palacio vive el rey?

—En el palacio viven el jefe supremo y los sacerdotes. Quizás hoy puedas verlos: hay un partido de pelota por la tarde. Una ceremonia a la que siempre asisten.

—¡Me encantaría ver un partido! Me llamo Hugo, ¿y tú?

—Mi nombre es Itzel, que significa «lucero de la tarde». ¡Bienvenido!

Sábado: Los mayas

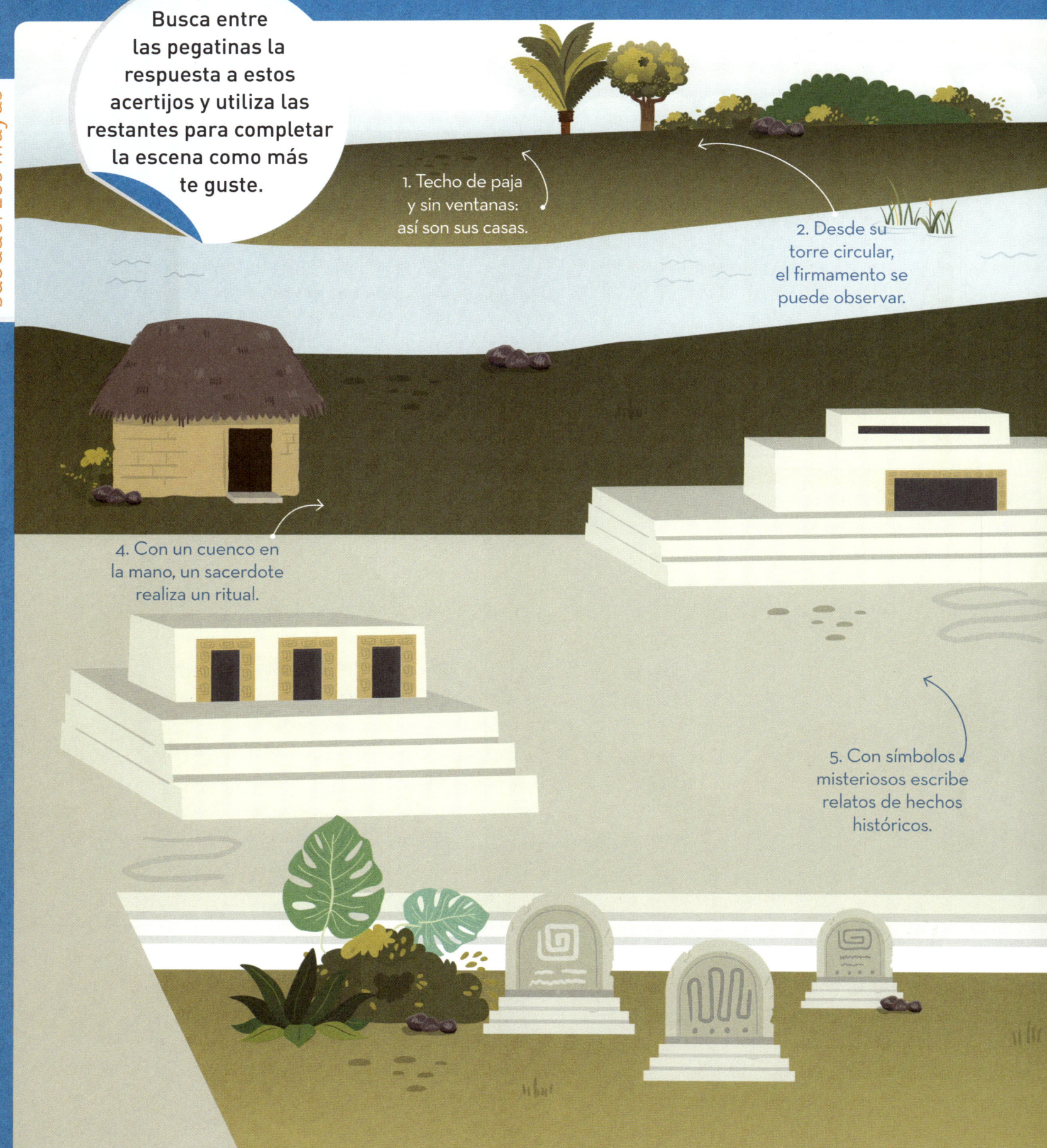

Busca entre las pegatinas la respuesta a estos acertijos y utiliza las restantes para completar la escena como más te guste.

1. Techo de paja y sin ventanas: así son sus casas.

2. Desde su torre circular, el firmamento se puede observar.

4. Con un cuenco en la mano, un sacerdote realiza un ritual.

5. Con símbolos misteriosos escribe relatos de hechos históricos.

Así se ve desde la nave

3. Los templos con forma piramidal abundan en este lugar.

6. Un joven regresa de la selva con manchas de lodo y plumas nuevas.

7. Detrás de hojas verdes, granos dorados como el oro.

8. A falta de mesa, útil es un mantel. ¡Todo listo para comer!

67

Sábado: Los mayas

Los mayas utilizan las semillas de cacao como monedas, para pagar otros productos, pero también para preparar la «bebida de los dioses»: una mezcla de agua con chile, semillas de cacao tostadas y harina de maíz.

Hugo ha decidido desayunar frutas. La piña vale 8 semillas de cacao, la papaya 14, el aguacate 5 y la guayaba 13. Escribe, en cada cartel, los precios en números mayas.

¿SABÍAS QUE...

la civilización maya fue la primera de América en idear el cero? Desarrollaron este concepto aproximadamente en el año 36 a.C.

Mañana: El desayuno

Después del mercado, hemos caminado a través de una zona de cultivos, ¡pero el humo no nos dejaba ver! Los mayas suelen talar un sector de la selva, quemar los troncos y luego sembrar las semillas en la tierra cubierta de cenizas, que así resulta más fértil.

Ayuda a Hugo a descubrir qué se esconde detrás del humo. Observa con atención el fragmento de paisaje que resulta visible y busca en las pegatinas la imagen completa.

69

Sábado: Los mayas

El maíz es el principal cultivo y la base de la alimentación maya. Hemos almorzado tamales y tortillas de maíz con salsa de tomate y chile –los mayas fueron los primeros en incorporar salsas como condimento a sus comidas– y, de postre, hemos comido frutas escarchadas.

De las tres comidas que ha probado, una no le ha gustado, otra le ha encantado y la tercera le ha resultado muy picante. Descubre qué está probando Hugo y completa la expresión de su rostro.

¡PUAJ!

¡AHHH!

¡ÑAM!

¿SABÍAS QUE...

los mayas inventaron el chicle? Lo mascaban para limpiarse los dientes después de las comidas y para apaciguar el hambre. Lo hacían con una resina que extraían de un árbol llamado chicozapote.

Mediodía: La comida tradicional

Hemos comido los alimentos sentados en el suelo, ¡como si se tratara de un pícnic! Las mesas se reservan para los rituales y no conocen las sillas. Después de almorzar, hemos descansado en grandes hamacas de tela.

Hugo ha sacado dos fotografías durante el almuerzo. Identifica los seis objetos que faltan en la imagen de la derecha y márcalos.

71

Sábado: Los mayas

Durante la tarde, hemos asistido a un juego de pelota. El partido consiste en hacer pasar una pesada pelota de caucho por uno de los aros de piedra situados en las paredes. Los jugadores la golpeaban con la cadera, los codos y las rodillas, y no podían dejarla caer.

¿Qué jugadores han marcado los tantos? Lee las pistas y señálalos en la imagen.
- 1er acierto. Una mancha de barro es la prueba: lo ha metido con la cadera.
- 2º acierto. Un amuleto verde le ha traído buena suerte.
- 3er acierto. Con la rodilla lo ha logrado: aún se nota la magulladura.

Tarde: Pasatiempos y ceremonias

El juego de pelota muchas veces era considerado un ritual que incluía el sacrificio del equipo perdedor. Por suerte, este partido ha sido solo un entretenimiento para el jefe supremo, los sacerdotes, los nobles y el pueblo común.

Busca en las pegatinas las imágenes correspondientes a cada silueta y descubre cómo se han vestido los asistentes al juego.

Jefe supremo o *Halach Vinik*
Gobierna en nombre de un dios y es líder del ejército.

Máximo sacerdote o ahuacán
A cargo de los calendarios, la educación, los ritos de adivinación y los sacrificios.

Guerrero maya
Conforma el grupo social más privilegiado.

Escriba
Interpreta los glifos, símbolos de la escritura maya.

73

Sábado: Los mayas

Los mayas consideran el tiempo como un proceso cíclico. Por eso creen que es posible predecir el futuro: si algo ya ha pasado, volverá a pasar. Así, estudian los sucesos, los relacionan con el movimientos de los astros y con los calendarios y elaboran sus profecías.

¿Te gustaría predecir el futuro? Comienza practicando con estas secuencias. Observa atentamente cómo se repiten las imágenes y busca en las pegatinas la imagen que falta para completar cada ciclo.

¿SABÍAS QUE...

los mayas, sin ayuda de la tecnología, lograron crear un calendario muy exacto? Basándose en la observación de los astros a simple vista, precisaron la duración del año solar en 365,2420 días.

Anochecer: Alrededor del fuego

Al anochecer, los mayas han bailado y cantado en torno al fuego, para alabar a sus dioses. Itzel me ha contado que, en ocasiones, ¡los sacerdotes sacrifican animales y seres humanos! ¡Qué miedo! Por si acaso, me he despedido de ella y he partido a toda velocidad.

Colorea la escena. ¿Puedes encontrar dónde se ha escondido Hugo?

75

Domingo: La Edad Media

La Edad Media es el período comprendido entre los siglos v y xv. Para mí, es una época de cuento. ¡Las historias de reyes y caballeros son mis preferidas! Por eso no podía volver de mis vacaciones sin pasar antes por un auténtico castillo medieval y descubrir cómo se vivía dentro de sus muros.
En esta época, el rey y la reina habitan grandes palacios y gobiernan extensos territorios. Los nobles y los caballeros están a su servicio: los obedecen y los apoyan en caso de guerra. A cambio, los reyes les entregan tierras y títulos, como el de marqués o conde. Cuando un hombre es dueño de un castillo y de la tierra que lo rodea, es conocido con el nombre de «señor». A su cargo tiene, además, un ejército y varios campesinos que trabajan su tierra a cambio de un lugar para vivir y de una pequeña porción de lo que producen.
Estaba terminando de ocultar mi nave en el bosque, cuando escuché un ruido. Para mi sorpresa, ¡un joven de brillante armadura estaba atado a un árbol!

Amanecer: Llegada a destino

—¡Ayudadme por favor! ¡Seréis muy bien recompensado! Unos bandidos encapuchados me han robado y me han dejado aquí atado. Soy Enrique, hijo mayor del señor de estas tierras.

—Será un honor servirlo. ¡Ahora mismo lo desato! Y no necesito recompensa, aunque me encantaría conocer el castillo, si no fuera demasiada molestia.

—¡Desde luego! Mi padre ha organizado un torneo y un banquete. Estarán el bufón de la corte y varios trovadores entreteniendo a los invitados durante la cena. Habrá vino, jabalí y faisán. ¡Estáis invitado!

—¡Muchas gracias! Pensé que los señores viajaban siempre acompañados de varios caballeros... ¿Su guardia sufrió también el ataque?

—Veréis... debía encontrarme con una doncella de la que estoy enamorado, pero, como no es de familia noble, mi padre no me permite verla. Por eso he venido yo solo al bosque. Lamentablemente, no he podido llegar a tiempo a la cita.

—Seguro que la dama lo comprenderá. Y no se preocupe, señor. Soy muy discreto: ¡su secreto estará a salvo conmigo!

¿SABÍAS QUE...

la capacidad de un castillo para sobrevivir a un largo asedio a menudo dependía de la cantidad de comida y bebida que se podía almacenar entre sus muros? Los primeros castillos se construyeron para sustituir a los fuertes de madera y evolucionaron hasta convertirse en fantásticas fortalezas, prácticamente inexpugnables.

Domingo: La Edad Media

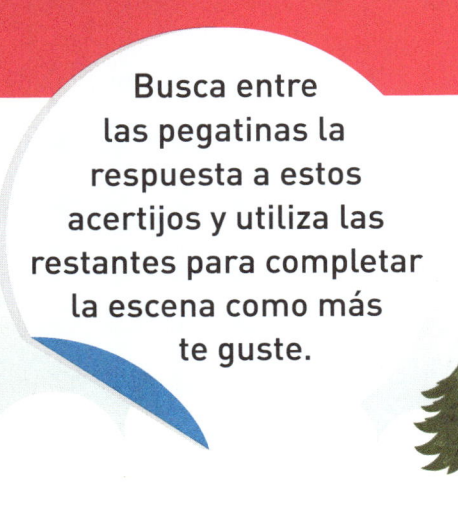

Busca entre las pegatinas la respuesta a estos acertijos y utiliza las restantes para completar la escena como más te guste.

1. Un caballero muy bien armado recorre el reino montado a caballo.

2. Esta joven damisela, con su trenza y su vestido, luce muy bella.

3. Una doncella de verde vestido busca el camino para regresar al castillo.

4. Un caballero se inclina ante la dama más hermosa de la colina.

5. Casco con penacho, yelmo y escudo con rayas de color: este caballero no luce demasiado feroz.

Así se ve desde la nave

6. Techo de paja y paredes de madera. Si varias están cerca, forman una aldea.

7. Con su gorro y su disfraz, hace reír sin cesar.

8. Canta y canta sin parar mientras su laúd hace sonar.

9. Con su arco y su flecha, Robin Hood hace temblar a los ricos y avaros del lugar.

Domingo: La Edad Media

De camino al castillo nos encontramos con una partida de caza, una de las distracciones favoritas de la nobleza. Los hombres se dirigían al bosque montados a caballo y con lanzas, seguidos de sus perros, criados y escuderos.

Traza el camino siguiendo los números impares y ayuda al jabalí a escapar de los cazadores. Pero cuidado: solo puedes elegir una casilla que tenga un número impar mayor al que acabas de pasar.

1	3	4	2	8	3
2	5	7	5	6	9
6	3	9	11	12	4
10	2	7	13	15	9
8	12	8	5	17	19

Mañana: Llegada al castillo

El castillo está rodeado por un gran foso lleno de agua. Un puente levadizo permite atravesarlo y llegar hasta la entrada del castillo. Allí, unas rejas de hierro protegen la entrada y varios soldados la custodian. ¡Tienen un aspecto temible!

Colorea el castillo y escribe los nombres de cada una de sus partes. Una pista: cada línea corresponde a una palabra.
MURO – FOSO – PUENTE LEVADIZO – TORRE DE VIGILANCIA – PLAZA DE ARMAS – RASTRILLO – ALMENAS – TORRE DE HOMENAJE.

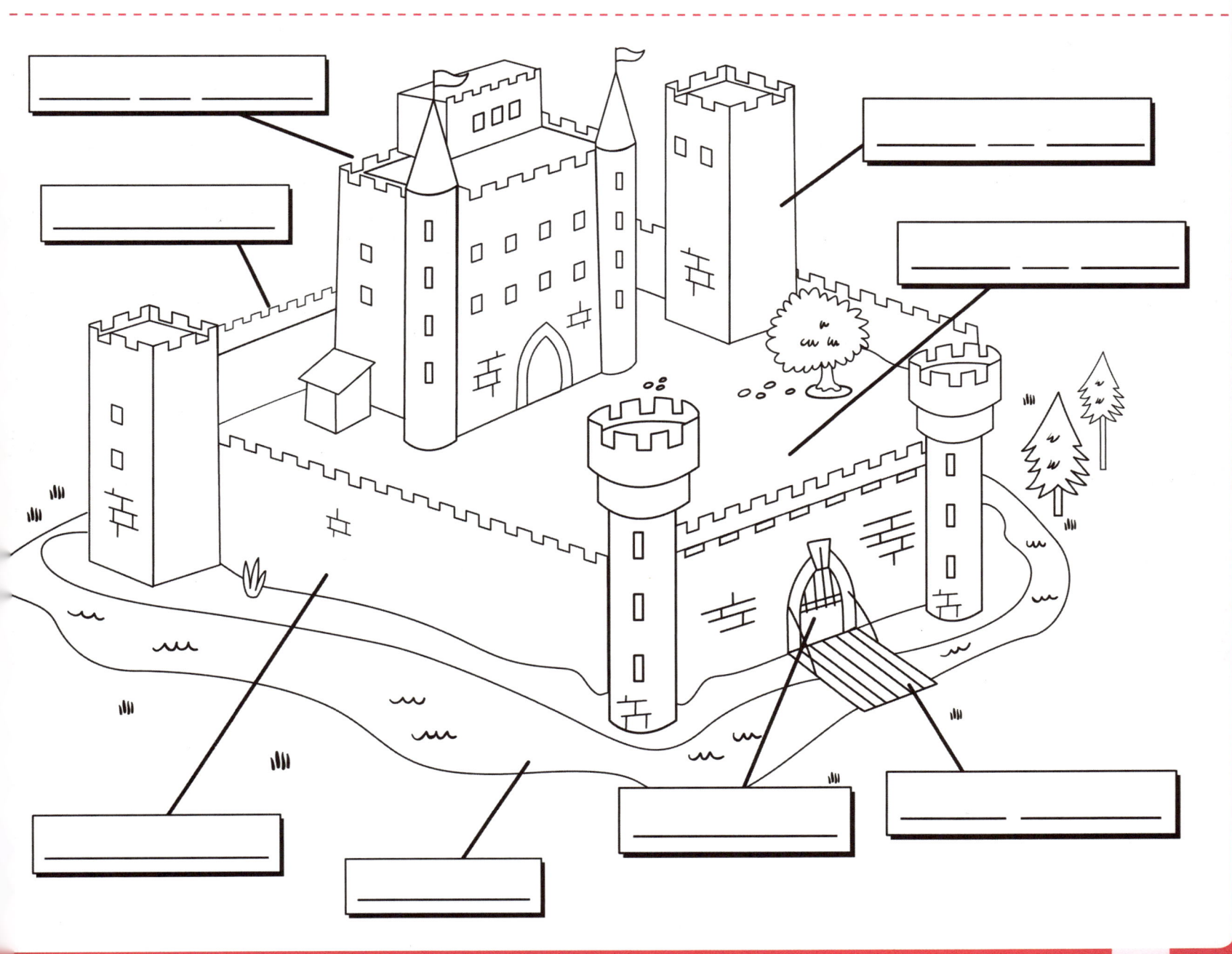

Domingo: La Edad Media

Las guerras son tan comunes, que todos parecen estar siempre listos para salir a la batalla. Aunque varios caballeros estaban entrenando en el patio de armas, se han detenido y han hincado la rodilla en señal de reverencia al pasar la señora del castillo.

Estos dos caballeros parecen iguales. Sin embargo, siete diferencias los distinguen. Encuéntralas y márcalas sobre la imagen.

Mediodía: El almuerzo

A mediodía, hemos comido sopa de habas e hinojo. Luego, unos nabos con crema y, por último, higos y moras con miel. Como aún no es común el uso del tenedor, todos toman los alimentos con los dedos.

Hugo ha desordenado las fotos que hizo durante la comida. Numéralas para descubrir cómo ha transcurrido el almuerzo.

¿SABÍAS QUE...

en la Edad Media no era frecuente el uso de platos? Para comer, en los banquetes se cortaban hogazas de pan duro y se ponía la carne o los vegetales en el centro. Una vez finalizada la comida, se remojaba el pan en la salsa y se entregaba a los pobres. ¡Así no tenían que fregar los platos!

Domingo: La Edad Media

Por la tarde, Enrique me ha llevado a la liza, el campo donde se desarrollan los torneos. Hay gradas, un palco principal para los anfitriones y todo está decorado con banderines. Cada participante tiene puestos un yelmo, una armadura y un escudo que lo identifica.

Colorea al caballero, diseña el escudo y completa los banderines que faltan siguiendo la secuencia.

¿SABÍAS QUE...

la valentía, la destreza en el campo de batalla y la lealtad no eran suficientes para convertirse en caballero? Además, hacía falta mucho dinero para comprar la armadura, el escudo, el caballo y las armas, tener sirvientes dispuestos a seguirlo a la guerra y ser de origen noble.

Tarde: Juegos y entretenimientos

¡Vaya torneo! Algunos caballeros han luchado con espadas, y otros con lanzas y a caballo. Cada vencedor ha escogido a una dama para dedicarle su triunfo.

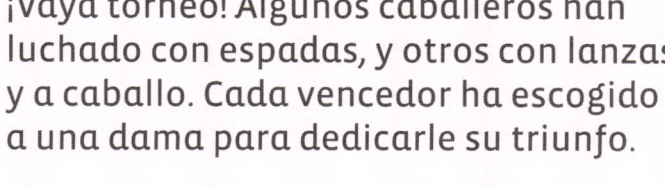

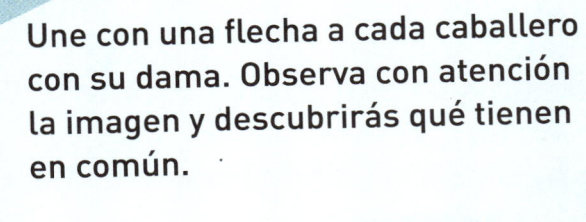

Une con una flecha a cada caballero con su dama. Observa con atención la imagen y descubrirás qué tienen en común.

Domingo: La Edad Media

Una vez terminado el torneo, he sido invitado al banquete que se ha celebrado en el salón principal del castillo, que estaba iluminado por candelabros. Había comida y bebida en abundancia. ¡Lo único que ha enturbiado la velada ha sido el olor nauseabundo que invadía la sala!

Imagina que invitas a tus amigos al banquete: dibújalos y pon sus nombres en la lista.

INVITADOS

_____
_____
_____
_____
_____
_____
_____
_____

¿SABÍAS QUE...

durante la Edad Media la gente se bañaba solo una vez al año? Lo hacían en el mes de mayo, porque los médicos consideraban que el agua caliente debilitaba los órganos y que una buena capa de suciedad protegía al cuerpo de las enfermedades.

Anochecer: Banquete de despedida

¿Qué mejor que terminar este fantástico viaje con una fiesta? Tras la cena, un trovador ha entonado canciones sobre romances entre caballeros y damas, luego el bufón nos ha hecho reír a lo grande y, por último, han entrado en el salón las damas de la corte y ha comenzado el baile.

¡Sé parte de la fiesta!
Busca en las pegatinas las piezas que faltan y completa la imagen.

He disfrutado mucho de esta aventura. ¡Gracias por acompañarme! Nos vemos en el próximo viaje...

Soluciones

LA PREHISTORIA

Páginas 6-7

Página 8

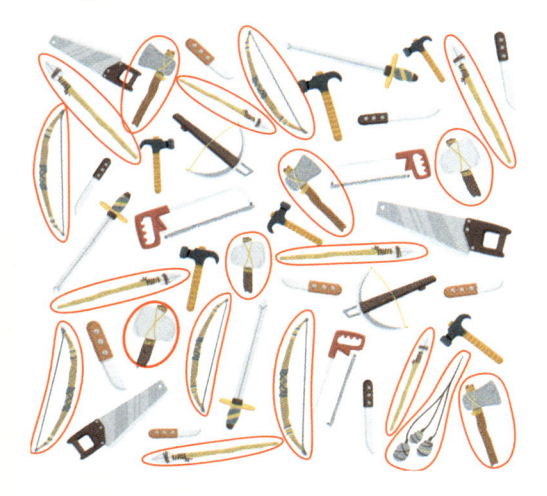

Página 9

Página 10

Tigre de dientes de sable / Oso perro / Entelodonte

Página 11

Páginas 12-13. La única silueta que queda sin pareja es la que se observa marcada en la imagen.

EL ANTIGUO EGIPTO

Páginas 18-19

Página 20

Ra / Osiris / Bastet

Página 22

C	E	R	V	E	Z	A		
				H	I	G	O	S
					V	I	N	O
			P	E	S	C	A	D	O
					T	R	I	G	O
		C	E	B	O	L	L	A

Página 24

Página 25

Página 26. Estas son las imágenes que completan las secuencias:

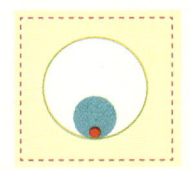

Página 27. El mensaje dice: «Adiós amigo. Gracias por un día lleno de aventuras».

EL IMPERIO ROMANO

Páginas 30-31

1, 2, 3, 4, 5, 6, 7, 8

Página 32

Página 35

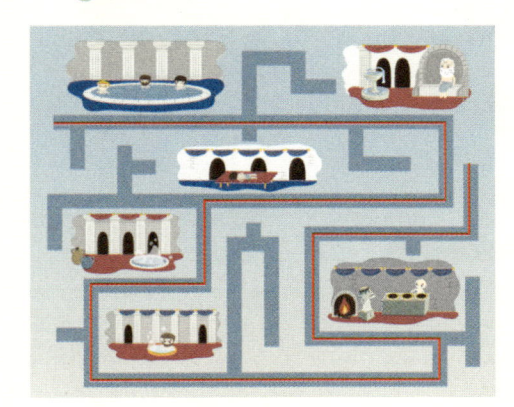

89

Soluciones

Página 37

Página 38

Patricios / Plebeyos / Libertos

Página 39

LOS VIKINGOS

Páginas 42-43

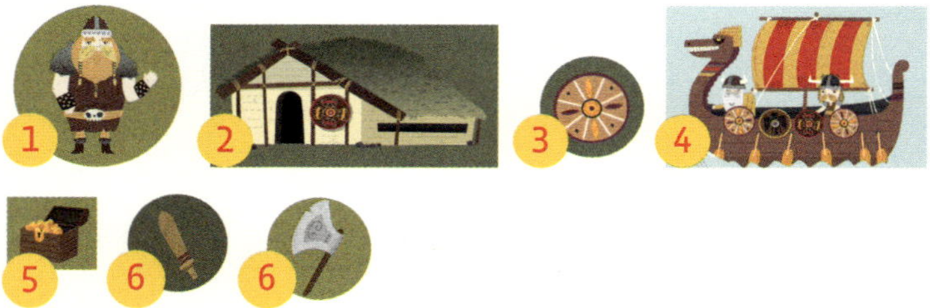

Página 46

Página 47

Página 48

Páginas 50-51. De izquierda a derecha, las imágenes corresponden a 1) Freyja ᚠᚱᛖᛁᛃᚨ, 2) Frigg ᚠᚱᛁᚷᚷ, 3) Thor ᚦᚮᚱ y 4) Odín ᚮᛞᛁᚾ.

LA ANTIGUA CHINA

Páginas 54-55

Página 58. De arriba abajo, el primer sendero suma 8 puntos; el del medio, 10 puntos; y el de abajo, 13 puntos. Por eso, el camino más seguro es el de arriba.

Página 59. Los alimentos yin son: helado, lechuga, piña, aguacate y pera. Los alimentos yang son: pan, pollo, filete de carne, pastas y arroz.

Página 60

Página 62

Página 63

LOS MAYAS

Páginas 66-67

Página 68

Página 69
De arriba abajo, las imágenes completas son:

Página 70. De izquierda a derecha: las tortillas (primera imagen) le resultaron muy picantes; los tamales (segunda imagen) le gustaron; y las frutas abrillantadas (tercera imagen) no le agradaron.

Página 71

Página 72

Soluciones

Página 73. En el sentido de las agujas del reloj, las imágenes corresponden al jefe supremo, el máximo sacerdote, un escriba y un guerrero maya.

Página 74
Imagen que completa la primera secuencia:
Imagen que completa la segunda secuencia:
Imagen que completa la tercera secuencia:

Página 75. Hugo aparece detrás del arbusto que se observa arriba y a la izquierda de la imagen.

LA EDAD MEDIA

Páginas 78-79

Página 80. El camino a seguir es:

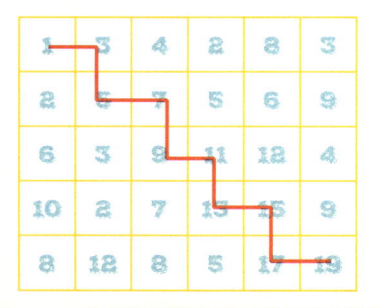

Página 81

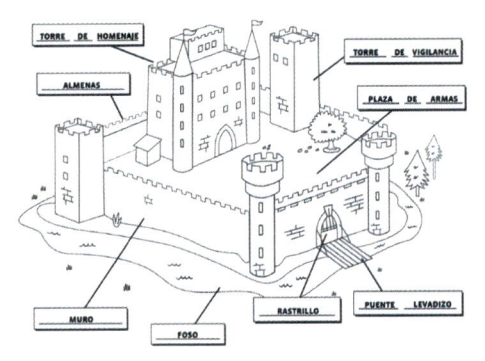

Página 82

Página 83

Página 84. Para completar la secuencia, así deberías haber pintado los banderines restantes.

Página 85

Página 87

La prehistoria

El antiguo Egipto

El Imperio romano

Los vikingos